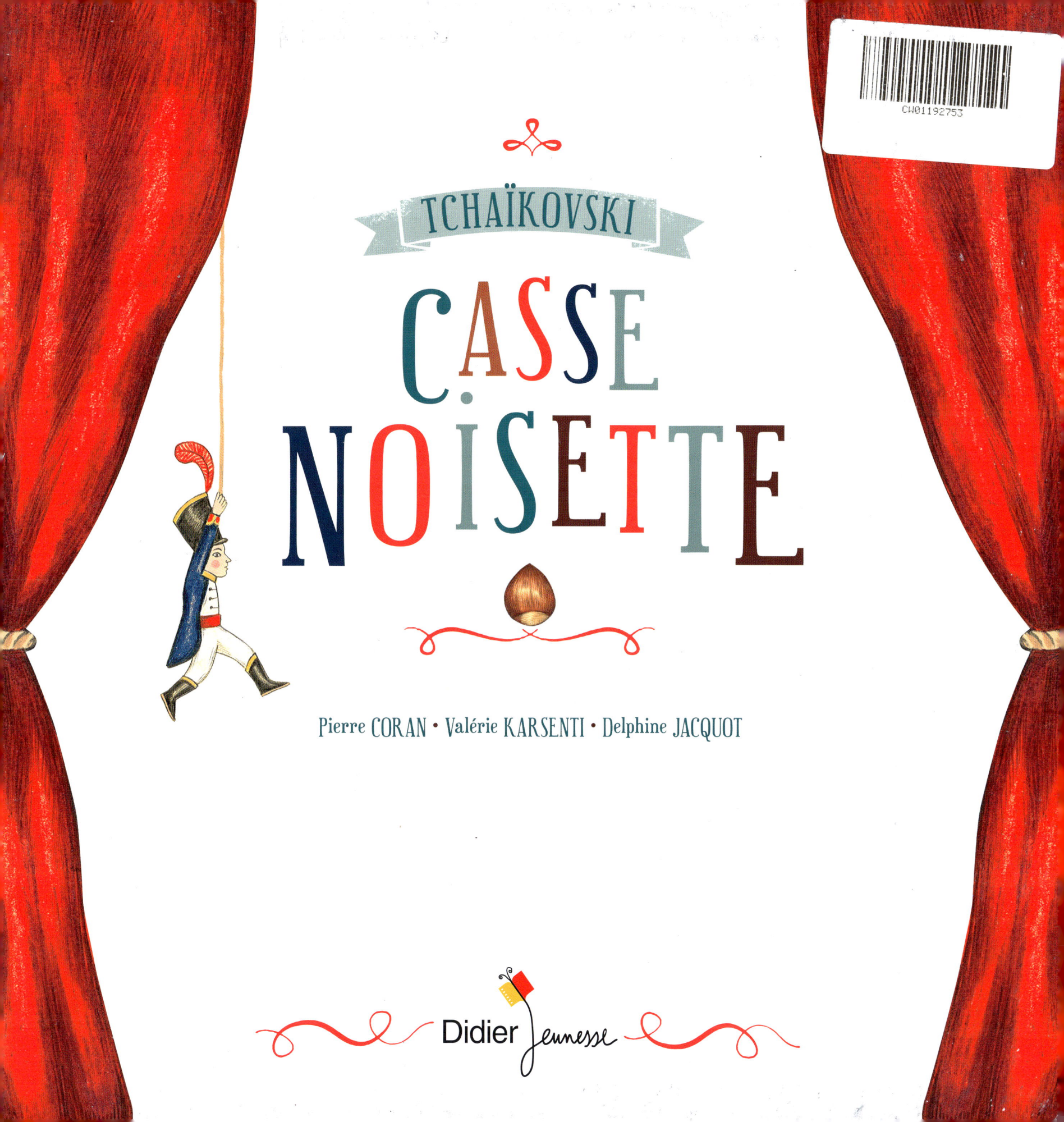

① L'étrange histoire que je vais vous conter se passe dans une ville de Bavière où la magie des jouets n'étonne personne, surtout en ce soir de Noël.

Entrons dans la Maison d'Argent, une grande demeure avec,
en cette fin décembre, de la neige au-dehors et du soleil au-dedans.
C'est là qu'habitent les parents de Marie et de Fritz.
Fritz est un gros garçon joufflu, parfois insupportable
quand il se croit seul sur terre.
Sa sœur Marie, au contraire, est une grande fille douce, au teint pâle.
De longs cheveux bouclés lui tombent sur les épaules.

Au milieu du salon, le sapin de Noël trône sur une table nappée de blanc.
Cent bougies le décorent.
Ce soir, les invités sont nombreux: des messieurs en habit,
des dames en robe longue, des enfants de tous âges joliment costumés.
Ils marchent, se saluent, se parlent, trépignent, dansent…

② Des aboiements ! C'est Turc, le chien de la maison.
Une porte claque… Des pas résonnent…

De derrière un paravent chinois, un homme grand et maigre apparaît.
Il ne voit que d'un œil et, comme il est chauve, il porte une perruque en fils de verre.
D'une main, il traîne un grand sac et de l'autre, une énorme boîte à roulettes.

*– Mesdames, messieurs, les enfants,
je suis l'oncle Christian-Elias Drosselmeyer,
veuillez, toutes et tous, excuser mon retard.*

De son sac, l'oncle sort
des POUPÉES, des PELUCHES, des PANTINS, des TAMBOURS, des TROMPETTES…

Un à un, les cadeaux se partagent, de main en main,
tandis que des mercis volètent autour de l'arbre vert, comme des cris d'oiseaux.

L'oncle Drosselmeyer réclame le silence, il s'approche de la boîte qui roule et l'ouvre lentement...

ET LÀ, SURPRISE !

Deux automates, un Pierrot et une Colombine, se mettent soudain à tourner la tête, à agiter les bras.
Et sur un air de boîte à musique, voici qu'ils dansent sous les bravos.
Il faut savoir que l'oncle qui répare les pendules comme personne parvient, nul ne sait comment,
à animer les jouets qu'il fabrique. Il prétend qu'un jour, il leur donnera la parole.

Alors que tout le monde fait la fête, Marie se tient à l'écart.
L'oncle l'a oubliée lors de la distribution des cadeaux...
Et le grand sac est vide !
Marie n'a plus l'âge de pleurer devant les autres, mais elle se sent malgré tout un peu triste.

Drosselmeyer s'en aperçoit.
D'une poche de sa redingote, il retire un objet bizarre.
C'est un soldat de bois dont les mâchoires servent à briser les noisettes.
Aussitôt, Marie essaie son casse-noisette, puis elle le tend à bout de bras et virevolte.

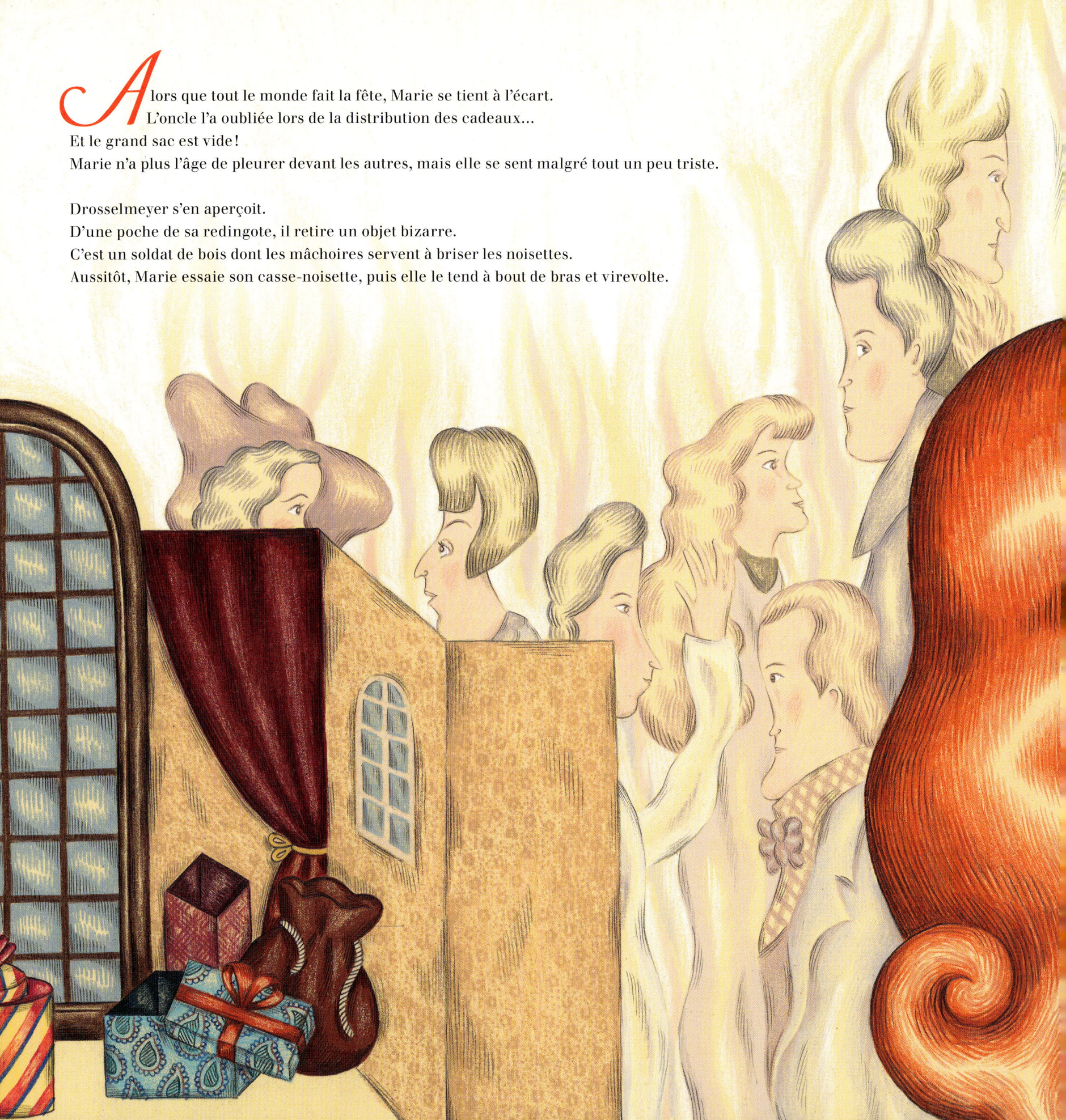

*P*as longtemps !

Son frère saute de cheval et s'empare du soldat de bois.
Il lui fait maladroitement croquer une noisette, la plus dure du panier,
et ce qui devait arriver arrive :

CRRRAC !

Les dents du casse-noisette se brisent, sans que Fritz l'ait vraiment voulu.

Par bonheur, l'oncle a tout vu.
Comme il ne sort jamais sans ses outils, il revisse les dents du jouet,
rattache le menton et entoure le cou d'un voile de soie blanche.
Finalement, Marie retrouve le sourire et Fritz cache sa honte derrière le sapin.

Peu à peu, le temps se fatigue, le soir s'en va et la nuit vient...
Dans la maison, la fête se termine sur une dernière danse, la préférée de Grand-Père...

ET LES INVITÉS REPARTENT.

– Au lit ! Il est temps de dormir !

C'est la voix de la maman qui vient de lire l'heure
sur la pendule que l'oncle a fabriquée
pour elle.

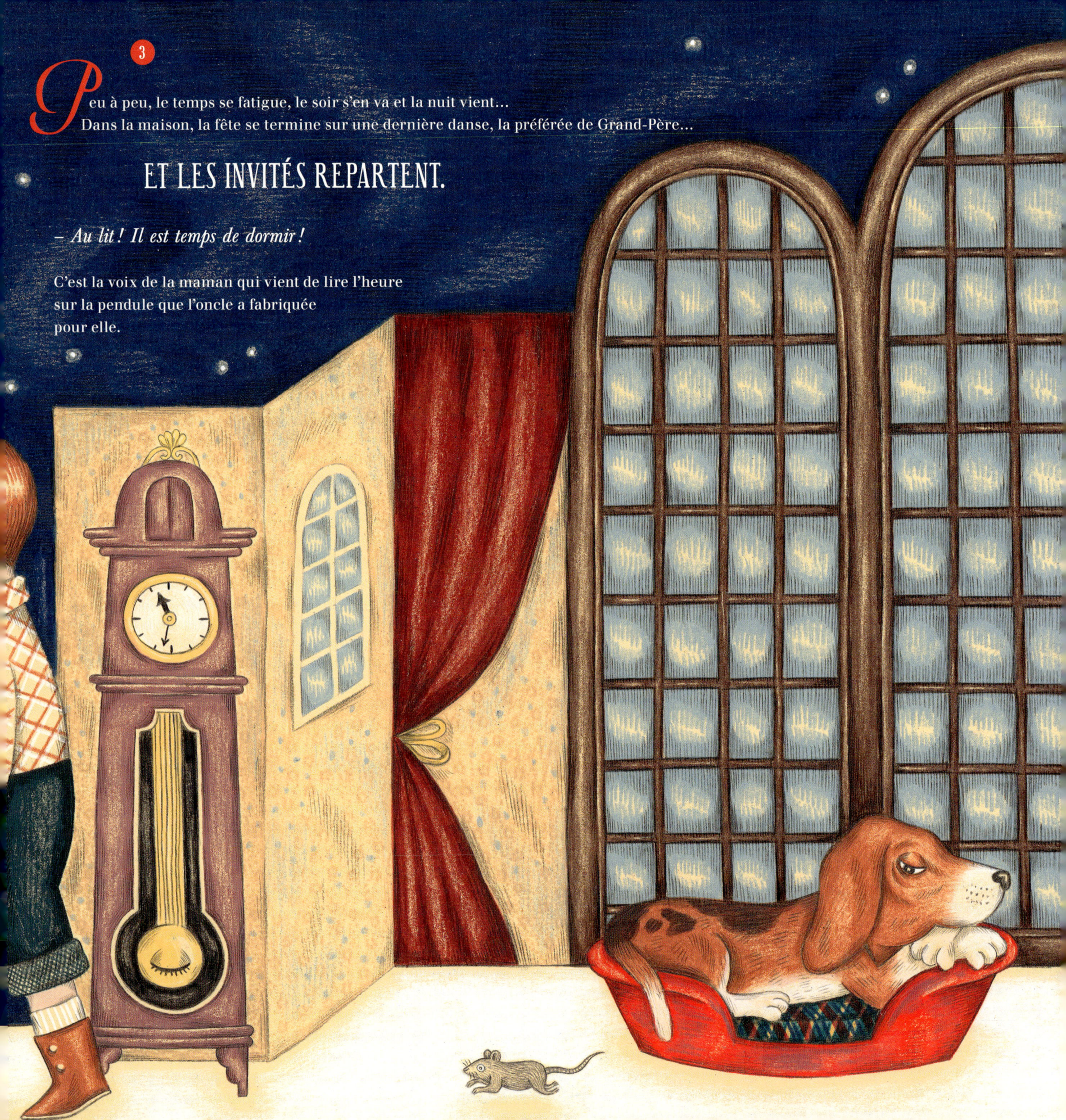

Fritz ronchonne un peu avant de gagner sa chambre.

Marie dépose son soldat de bois dans l'armoire aux poupées et va se coucher.

La Maison d'Argent retrouve le silence.

4 **M**ais bientôt, les deux aiguilles de la pendule ne font plus qu'une.
Une chouette en sort et ulule douze fois.

Marie quitte son lit : elle veut revoir son casse-noisette.
Sans le moindre bruit, elle descend l'escalier.

MAIS QUE SE PASSE-T-IL ?

Entre les fentes du plancher, là, là et là,
de petits yeux s'allument.
Les lattes grincent, grincent…

HO !

Voici qu'elles se soulèvent…

Dans un nuage de poussière, des souris se montrent, une armée de souris.
Marie a l'impression bizarre d'avoir tout à coup la même taille qu'elles.
Elle est entourée, menacée, prisonnière.

C'est alors que dans un sifflement terrible, un monstre surgit.
Il a sept têtes ornées d'une couronne et quatorze yeux rouge feu.
Marie comprend que, devant elle, se trouve le Roi des souris.

Elle n'est pas peureuse, Marie, mais face à un roi aussi hideux,
elle recule et en reculant, heurte l'armoire aux poupées,
qui brusquement s'éclaire...

À l'intérieur, ô magie !

Les Joujoux s'animent...

Le casse-noisette armé d'un sabre saute de l'armoire.
Il se fraie un chemin entre les souris et affronte le Roi.

Les soldats de Fritz, un arlequin, deux pantins, trois polichinelles et d'autres jouets le rejoignent. Au même instant, des souris, de plus en plus nombreuses, surgissent de partout.

LA BATAILLE EST INÉVITABLE.

Très vite, les jouets sont attaqués, percés, griffés, mordus.
Ils prennent la fuite. Mais pas Casse-Noisette !

Le soldat de bois se bat avec courage…
Seulement voilà, que peut-il faire contre une telle armée ?

Cerné de toutes parts, il est bientôt en danger, en grand danger, en très grand danger.
Marie s'en aperçoit. Elle enlève un chausson et, de toutes ses forces, le lance dans la mêlée.

PAF !

Le Roi le reçoit en pleines têtes, il titube.
Casse-Noisette en profite, il brandit son sabre, touche l'affreux monstre qui s'écroule,
roule dans la poussière et ne se relève pas.

Le voyant immobile, mort peut-être,
les souris emportent leur Roi vaincu
et se sauvent, en désordre,
par où elles sont venues.

Marie sursaute.
Mais… mais que fait l'oncle Drosselmeyer assis sur la pendule ?
Et pourquoi n'est-il pas intervenu quand Casse-Noisette était menacé ?
Marie le lui demande.

L'oncle rit drôlement, à en faire trembler sa perruque ; il s'écrie :

– C'EST MON SECRET !

Puis il disparaît, on ne sait comment.

Dans le salon, il se passe alors une chose extraordinaire.
Tout se met à grandir autour de Marie
qui a l'impression, elle aussi, d'être plus grande.

Un éclair blanc jaillit, et plus incroyable encore :
son soldat de bois se change soudain en prince.
Il porte une redingote de velours rouge bordée d'or, des bas blancs,
des souliers vernis et sur la nuque, une tresse nattée.

Le Prince s'incline et se présente :

– Je suis Casse-Noisette,

le Prince des poupées et neveu de l'oncle Drosselmeyer.

Marie ne sait que dire tant elle est éblouie
par ce jeune homme sorti de nulle part.
Le Prince Casse-Noisette lui sourit et confie :

– *Après avoir brisé Krakatuk,*
la noisette la plus dure du royaume,
j'ai offert l'amande à la Princesse Pirlipate
que la Reine des souris avait enlaidie.
La Princesse a croqué l'amande, et elle a retrouvé sa beauté d'avant.
J'ai reculé sept pas pour la saluer, mais j'ai marché sur la queue d'une souris.
Aussitôt, la Reine, furieuse, m'a jeté un sort. Je fus changé en soldat de bois.
Pour redevenir moi-même, il me fallait vaincre le Roi.
Mon oncle a attiré le monstre, et j'ai pu le combattre en vainqueur.

Le Prince soulève son chapeau de fine soie, remercie Marie de l'avoir aidé et s'écrie :
– *Allons ! À nous bonnet, chapeau, peau de renard, bottes, cape et manteau !*
Accompagnez-moi, je vous prie, mademoiselle Marie. Je vous emmène au château enchanté.

Aussitôt, main dans la main, tous deux quittent la Maison d'Argent et courent dans la forêt parmi des tourbillons de neige.
Au passage, des bergers, des bergères leur font signe.

Casse-Noisette et Marie longent la rivière Orange,
le ruisseau de Miel, des fontaines de limonade.
Ils traversent, sans s'y arrêter, le village de Massepain.

– *Ici, les habitants sont de méchante humeur,* dit le Prince en riant.
Comme ils mangent trop de sucreries, ils ont tous mal aux dents !

*... Et voilà le fleuve Essence de Rose, le lac aux Cygnes d'argent,
le bourg des Confitures, et juste après, sur une colline de pierres de sucre,*

LE CHÂTEAU ENCHANTÉ.

6 Debout sur le parvis, une dame entourée de suivantes les accueille.

– *Je suis la Fée Dragée*, dit-elle. *Je vous espérais. Bienvenue au Palais des Délices !*

La Fée et ses deux invités avancent sur un pavé de pistaches et de macarons.
Ils franchissent la porte des Pralines. Entre deux colonnes de caramel,
un homme en habit de gala, collier d'or et chapeau à plume, apparaît.
Douze petits pages tenant un flambeau l'entourent.

— *Je vous présente le Prince d'Orgeat,* annonce la Fée.

Le Prince lève sa canne de sucre d'orge et dit:
— *Je suis ravi de vous accueillir en ce château.*
Faites-moi la faveur de me suivre jusqu'à la salle royale.
Je vous ai préparé un merveilleux spectacle.

*D*ès l'entrée, la Fée Dragée claque des mains et,
à la seconde, tous se trouvent devant la table des délices.

– *Servez-vous avant que la nourriture des yeux ne vous charme l'esprit !* s'écrie la Fée.

C'est ce que tous et toutes font.
À ses hôtes, Casse-Noisette raconte ce qu'il a vécu, le sort qui lui fut jeté,
le Roi vaincu grâce au chausson de Marie.
Et chacun de se réjouir de les savoir aujourd'hui réunis.
Derrière un grand rideau de tulle,

UN ORCHESTRE JOUE.

– *À présent,* propose le Prince d'Orgeat, *installons-nous.*

De plus en plus ravie,
Marie se place aux côtés de la Fée sur un fauteuil en chocolat et coussin de jujube.
Les deux princes s'asseyent derrière elles.

7 — *Que les danses commencent !*
   ordonne le Prince d'Orgeat.

Debout sur un podium de nougat,
un des pages annonce la première danse :

– OYEZ LA DANSE DU CHOCOLAT !

Belles et fières, les danseuses sont espagnoles
et les danseurs, droits comme des « i »,
marquent le rythme.
Ils frappent, frappent dans les mains
et leurs pieds tapent, tapent, tapent,
à petits pas.

   – *C'était la danse du Chocolat !*

8   Un autre page saute sur le podium :

– OYEZ LA DANSE DU CAFÉ !

Voilées, douze danseuses arabes
planent dans l'air, mystérieuses.
En gestes lents, elles se courbent et se soulèvent
comme en un rêve, un rêve ailé.

   – *C'était la danse du Café !*

9 Un troisième page prend le relais :

– OYEZ LA DANSE DU THÉ !

Six Chinois comme des grillons se plient, déplient
et six Chinoises libellules ondoient, ondulent, tous avec grâce et légèreté.

– C'était la danse du Thé !

10. Sur le podium, un nouveau page clame gaiement :

– OYEZ LA DANSE DES BONBONS MENTHE !

Trois jeunes Russes acrobates, roulés boulés, étonnent,
épatent, dansent accroupis, enivrent,
enchantent, tant leur adresse est envoûtante.

– *C'était la danse des Bonbons menthe !*

11. C'est au tour du cinquième page :

– OYEZ LA DANSE DES MIRLITONS !

Flûtiaux, serpentins, cotillons, petits danseurs,
à petits bonds marchent, marchent et tournent en rond.

12

Sans être annoncée,
robe bouffante à crinoline,
Mère Gigogne entre en piste,
cache avec peine, sous les baleines,
plein de petits polichinelles
tout en ficelles et taille fine
qui s'enfuient, font des galipettes
puis regagnent leur cachette.

La Fée Dragée se lève alors, claque des mains et crie :
— ENTREZ DANS
LA VALSE DES FLEURS !

Nombreux, nombreuses sont les danseurs et les danseuses qui tourbillonnent,
légers, légères et s'envolent comme des corolles.

La Fée Dragée et le Prince d'Orgeat les rejoignent
pour un amoureux pas de deux.
Ils invitent Marie et Casse-Noisette à les suivre sur la piste
pour une dernière danse...
C'est ce qu'ils acceptent de faire,
enchantés d'être dans ce palais tout en magie et en délices.

Au fil de la danse, Marie se croit portée par une vague.
Une brume l'enveloppe...
Son Prince lui paraît peu à peu loin d'elle.
Brusquement, c'est comme si elle s'élevait haut puis tombait dans le vide...

⑭ LA PENDULE ULULE.

Marie ouvre les yeux. Elle reconnaît sa chambre, son lit.
Le matin rit à la fenêtre.
Sa mère est assise à ses côtés :
– *Lève-toi, Marie la rêveuse ! Le petit déjeuner est prêt.*

Marie s'inquiète :
– *Où est le Prince Casse-Noisette ?*
Est-il resté à danser au Palais des Délices avec la Fée Dragée
et le Prince d'Orgeat ?

La mère s'étonne :
– *Le Prince Casse-Noisette ? Une fée ? Un Palais des Délices ?*
Mais que me racontes-tu là ?

Arrivés entre-temps, le père et Fritz ont tout entendu.
Ils n'en croient pas leurs oreilles.
La mère se rend à l'armoire aux poupées et en revient avec le casse-noisette en bois.
Fritz s'en empare et s'écrie, moqueur :
– *Hé ! Ho ! Le voilà, ton Prince charmant !*

Et il l'emporte en riant.
Marie comprend qu'en dire plus ne servira à rien.

PERSONNE NE LA CROIRA.

C'est à cet instant que l'oncle Drosselmeyer réapparaît.
Il n'est pas seul. Un jeune homme l'accompagne.
Il porte une redingote de velours rouge bordée d'or,
des bas blancs, des souliers vernis et sur la nuque, une tresse nattée.

– *Je vous présente mon neveu,
Nathaniel Drosselmeyer,* annonce l'oncle.
Il rentre d'un long voyage.

Marie est éblouie.
Le neveu ressemble en tout point au prince de son rêve.
Souriant, le jeune Drosselmeyer soulève son chapeau de fine soie et salue la famille.
Marie se lève et déclare, d'une voix douce :
– *Votre neveu, mon cher Oncle, valse divinement.*
– *Ah ! Ah, bon !* s'ébahit l'oncle. *Comment le sais-tu ?*

– C'EST MON SECRET !

UNE HISTOIRE DE BALLET
CASSE-NOISETTE

Au théâtre Mariinsky, la soirée promettait d'être grandiose.
Nous sommes le 5 décembre 1892, à Saint-Pétersbourg.
Même le tsar Alexandre III est venu et toute la famille impériale est là, au grand complet.
Deux nouvelles œuvres de Tchaïkovski sont au programme. Deux créations.
Un opéra, *Iolanta*, et un ballet, *Casse-Noisette*.
Étrange soirée qui proposait un ballet dont l'histoire ressemble
à ces poupées russes, emboîtées les unes dans les autres.
Car à l'origine, l'*Histoire d'un casse-noisette* est un conte de Noël
signé Alexandre Dumas. Lui-même s'était inspiré d'un conte fantastique
du grand écrivain allemand Hoffmann, qui avait imaginé *Le Casse-noisette et le Roi des rats*.
Dans le ballet, il ne s'agit plus que de souris, moins inquiétantes,
pour évoquer *« toutes sortes de choses magnifiques et miraculeuses, pourvu qu'on ait d'assez bons yeux ! »*
C'est ce qu'écrivait Tchaïkovski, alors que lui-même avait une vraie peur panique de la gent trotte-menu…

« Comment voulez-vous que je représente le Palais de Confiturembourg en musique ? »
La question montre bien les difficultés que le musicien rencontrait pour imaginer une féerie musicale
qui se passe dans un monde rêvé et totalement merveilleux.
Pourtant, à cinquante-deux ans, Piotr Ilitch n'est pas un débutant.
Presque dix opéras, cinq symphonies, des concertos – pour piano, pour violon –
et tant d'autres œuvres ont fait de lui le compositeur russe le plus célèbre.
Mais voilà : la commande de ce ballet le mettait de mauvaise humeur. Pas le temps !
Car lorsqu'en 1891 le directeur des théâtres impériaux de Russie lui demande un ballet, c'est pour tout de suite.
Impossible : Tchaïkovski a déjà prévu de se rendre à Berlin puis à Paris, où il vient souvent –
lui dont la mère est française, lui qui parle et écrit si bien français. De là, direction les États-Unis.
Les voyages et les concerts d'abord. La composition ensuite.

Mais comment faire ? Tchaïkovski termina d'abord la Suite de ballet, sorte de mise en bouche musicale, créée le 7 mars 1892.
Quelques jours après, le 23, il met un point final à tout le ballet. Pour une de ses plus belles partitions,
il déborde d'imagination, invente une musique de mélodies, de danses, de mystères.
Allant jusqu'à utiliser un instrument nouveau, au timbre de cristal, le célesta,
venu en grand secret de Paris et habillant la Fée Dragée de pure magie.
C'était le troisième grand ballet de Tchaïkovski. *Le Lac des cygnes* avait déjà une quinzaine d'années ;
La Belle au bois dormant datait de 1890. Et voilà que *Casse-Noisette* allait rapidement devenir son plus grand succès ;
car de tout le répertoire de danse, c'est le ballet le plus joué au monde !

Marc Dumont

CLARA ? MARIE ?

Dans le conte *Le Casse-noisette et le Roi des rats* de l'écrivain et compositeur allemand
Ernst Theodor Wilhelm Amadeus Hoffmann (1776-1822), le prénom de la petite fille est Marie.
Clara est celui d'une de ses poupées. Le romancier français Alexandre Dumas (1802-1870),
qui s'est inspiré de ce conte sous le titre *Histoire d'un casse-noisette*,
a choisi le prénom Marie, alors qu'en 1892, dans le ballet *Casse-Noisette*
du compositeur russe Piotr Ilitch Tchaïkovski (1840-1893), la petite fille se prénomme Clara.
Marie ? Clara ?
J'ai choisi Marie parce que ce prénom est l'anagramme du verbe aimer
et que « L'Histoire de Casse-Noisette » est avant tout une étrange et jolie histoire d'amour.

Pierre Coran